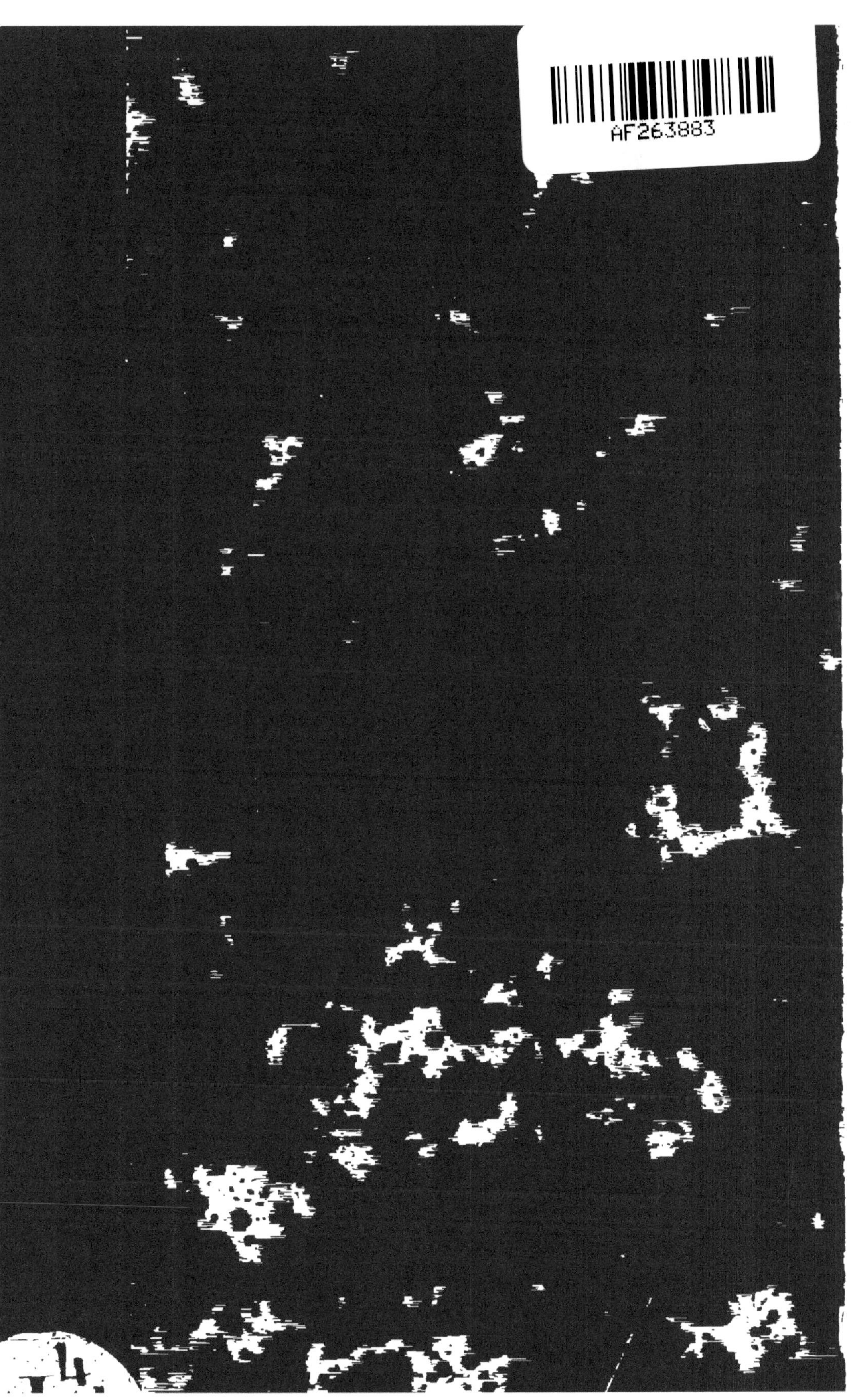

RÉFUTATION

D'UN LIBELLE

INTITULE':

LA VOIX DU SAGE

ET DU PEUPLE.

M. DCC. LI.

VOüs me demandéz, Monsieur, ce que je pense d'un Libelle de 16 pag. in-12 qui vient de paroître, & qui a pour titre: *La Voix du Sage & du Peuple.* Je n'avois pas besoin de cette nouvelle production pour me persuader que le puits de l'abîme est ouvert. Satan est délié. Je le sçais. L'Impie ne se cache plus. Les troubles que la Bulle *Unigenitus* a causés dans le Royaume, lui ont enflé le courage. La demande du vingtiéme que l'on fait au Clergé, le rend encore plus hardi. Sous prétexte d'appuyer la demande du Prince, il insulte, il blasphême, il s'éleve avec fureur contre le Seigneur & contre son Christ. L'Auteur du Libelle que vous m'avez envoyé, est un forcêné, qui se décore du nom de *Sage.* Vous voulez que je lui réponde article par article. Son Libelle en vaut-il la peine ? L'avoir lu, c'est l'avoir réfuté. Autant de paroles, autant de blasphêmes. *Sententias vestras prodidisse, superasse est : patet primâ fronte blasphemia.* J'ajouterai que celui que l'on fait Auteur du Libelle, est un homme si décrié pour son impiété, qu'il semble que l'on ait besoin d'apologie quand on écrit contre lui. Je n'en ai pas besoin par rapport à vous : mais si vous faites usage de ma réponfe, j'en aurai befoin pour ceux qui voudroient que l'on honorât d'un filence de mépris ces fortes de Libelles. Qui eft-ce qui fera ufage de fa raifon, & qui fe laif-fera perfuader par les maximes que je vais tranfcrire ?

L'Auteur. « Le Gouvernement ne peut » être bon, s'il n'y a une puiffance unique... » Il ne doit pas y avoir deux Puiffances » dans un Etat. La diftinction entre Puif-» fance fpirituelle & Puiffance temporel-» le eft un refte de barbarie Vandale. » *pag.* 3. 4.

Ici l'Impie marche tête levée. Il a banni de fon cœur la Religion. Il voudroit la bannir de tous les Etats. Les Droits du Prêtre lui paroiffent incompatibles avec les Droits du Prince. Diftinguer entre le Sacerdoce & l'Empire, c'eft, dit-il, un refte de barbarie Vandale. Quoi ! les Vandales ont inventé la diftinction entre Puif-fance fpirituelle & Puiffance temporelle ? Je ne demande pas où l'Auteur a étudié la Religion, puifqu'il n'en a point : mais je demande où il a étudié l'Hiftoire.

L'Auteur. « C'eft comme fi dans ma » maifon on reconnoiffoit deux Maîtres ; » moi qui fuis le Pere de famille ; & le » Précepteur de mes enfans à qui je donne » des gages. Je veux qu'on ait de très-» grands égards pour le Précepteur de mes » enfans ; mais je ne veux point du tout » qu'il ait la moindre autorité dans ma » maifon. » *pag.* 4.

Eft-ce la voix du Sage que j'entens ? Vous voulez qu'on ait *de très-grands égards* pour le Précepteur de vos enfans ; mais vour ne voulez point du tout qu'il ait la moindre autorité dans votre maiſon. Inſenſé ! Comment vos enfans auront - ils de très-grands égards pour leur Précepteur, s'il n'a pas la moindre autorité ſur eux ? Que le Prêtre dans un Etat faſſe à l'égard du peuple la fonction de Précepteur ; s'il eſt ſans autorité, l'écoutera-t-on ? Aura-t-on pour lui *de très-grands égards* ? Des Maîtres ſans autorité ne ſont plus des Maîtres. Il faut donc que le Prêtre ait autorité ſur le peuple qu'il inſtruit : donc ſur le Roi même ; parce que les Rois (que le Déiſte le veuille ou ne le veuille pas) ſont peuple en ce qui concerne la Religion. Et voilà deux Puiſſances qu'il faut diſtinguer : Puiſſance ſpirituelle, & Puiſſance temporelle. Que vous faites d'honneur aux Vandales, s'ils ſont les premiers qui aient apperçu qu'ils ne faut pas confondre deux Puiſſances ſi diſtinguées l'une de l'autre ! Mais nous datons de plus loin. Pour nous dégrader vous concentrez toute l'autorité dans la perſonne du Prince. Mais avant qu'il y eût des Vandales, tout l'univers ſçavoit que celui des Rois de Juda qui oſa mettre la main à l'encenſoir, fut frappé de lépre, & obligé le reſte de ſes jours de confier le gouvernement de l'Etat à celui de ſes enfans qui devoit lui ſuccéder.

Vous nous traitez de ſerviteurs à gages. Le premier d'entre nous ſe fait gloire d'être le Serviteur des Serviteurs de Dieu. Mais nos titres ne dépendent ni de vous ni de nous. Ils ſont écrits avec le doigt de

Dieu pour servir de leçon à tous les siécles.
» Les lévres du Prêtre seront les dépositai-
» res de la science ; & c'est de sa bouche
» qu'on doit rechercher la connoissance de
» la Loi, parce qu'il est l'Ange du Seigneur
» des armées. » Les Gentils, les Juifs, les
Grecs, les Romains, les Barbares, les Scy-
thes ; tous ont regardé les Prêtres comme
les Ambassadeurs du Très-haut. Qui êtes-
vous pour leur contester cette auguste qua-
lité ? Vous venez trop tard pour réformer
le Genre humain.

L'Auteur. « Il y a dans le monde en-
» tier quatre Etats, qui sont de la Commu-
» nion Romaine. La France, les Espa-
» gnes, la moitié de l'Allemagne, la Po-
» logne. » *pag.* 5.

Pourquoi omettre la République de Ve-
nise, le Portugal, le Royaume des deux
Siciles, les Etats du Roi de Sardaigne, &
des autres Princes Catholiques ? Est - ce
pour diminuer l'étendue de l'Eglise ?

L'Auteur. « Dans les Espagnes, le Gou-
» vernement s'accommode avec le Pape
» pour imposer des taxes sur le Clergé. La
» Reine de Hongrie en use de même : elle
» a obtenu dans la derniere guerre la per-
» mission de prendre l'argenterie des Egli-
» ses. En Pologne l'armée de la Couronne
» vit à discrétion sur les terres du Clergé,
» parce que le Clergé paie trop peu à la
» République. » *pag.* 9.

Vous parlez contre vous, homme peu
sensé. Pour me prouver que le Roi, par
sa seule autorité, est en droit d'imposer le
vingtiéme sur le Clergé de son Royaume,

vous me dites qu'en Espagne & dans les
Etats de la Reine de Hongrie on a recours
au Pape pour en obtenir *la permiſſion* d'im-
poſer des taxes ſur le Clergé. Donc dans
ces Royaumes le Prince eſt bien éloigné
de s'attribuer la Puiſſance ſpirituelle, puiſ-
qu'il ne ſe croit pas en droit de toucher
au temporel même du Clergé, s'il n'en a
obtenu la permiſſion de la Puiſſance ſpirituelle.

A l'égard de la Pologne, ſi ce que vous
dites eſt vrai, il en réſulte au moins qu'en
tems de paix le Clergé paie très-peu ; &
cet exemple n'eſt gueres propre à appuyer
ce qui ſe paſſe parmi nous. De ſçavoir ſi
en tems de guerre l'armée de la Couronne vit à diſcrétion ſur les terres du Clergé,
je voudrois, pour le croire, une autre autorité que la vôtre. En tout cas reſteroit à
examiner ſi le fait ſeroit conforme au
Droit.

L'Auteur. « En France où la raiſon ſe
» perfectionne tous les jours, cette raiſon
» nous apprend que l'Egliſe doit contri-
» buer aux charges de l'Etat à proportion
» de ſes revenus, & que le Corps deſtiné
» particuliérement à enſeigner la juſtice,
» doit commencer par en donner l'exem-
» ple. » *pag.* 5.

La *raiſon*, dans le Dictionnaire de l'Auteur, c'eſt l'irreligion. Ainſi, quand il dit :
*En France où la raiſon ſe perfectionne tous les
jours*, cela veut dire : En France où l'irreligion fait tous les jours de nouveaux
progrès. Qu'apprend donc cette raiſon,
qui enfante tous les jours tant de Libelles

contre la Religion ? Elle apprend, nous dit-on, que l'Eglife doit contribuer aux charges de l'Etat à proportion de fes revenus. Mais la raifon qui prend la Religion pour guide, nous apprend, que celui qui fert l'Autel, doit vivre de l'Autel : que les biens que les Rois & les peuples ont donné à l'Eglife, font des biens confacrés à Dieu : que par cette confécration ils font tirés de l'ufage profane : qu'ils font devenus le patrimoine des pauvres, & que le Prêtre lui-même n'y a droit que comme pauvre : *S. Auguftin.* *fi pauperum compauperes fumus.* La raifon, guidée par la Religion nous dit, que dans les grandes néceffités de l'Etat, le Clergé doit faire ce que fit Achimélec, qui donna à David dans un befoin preffant les Pains de Propofition, que les Prêtres feuls pouvoient manger. Le Clergé doit faire ce qu'ont fait les plus faints Evêques, vendre jufqu'aux vafes facrés pour fauver la vie aux miférables, ou pour racheter les captifs. Mais ce qui eft permis dans un befoin preffant, ne l'eft plus dans les cas ordinaires. Si les Eccléfiaftiques abufent du patrimoine des pauvres, le Prince eft en droit d'y remédier. Qu'il veuille bien employer fon autorité à empêcher la diffipation des biens temporels du Clergé, l'Eglife lui en rendra d'immortelles actions de graces ; & l'Etat, par le bon emploi des biens Eccléfiaftiques, fe trouvera dédommagé avec furabondance de ce qu'il pourroit y avoir d'inégal dans les impofitions du Clergé.

L'AUTEUR. « Ce Gouvernement feroit

>> digne des Hottentots, dans lequel il fe-
>> roit permis à un certain nombre d'hom-
>> mes de dire : *C'eſt à ceux qui travaillent à*
>> *payer ; nous ne devons rien , parce que nous*
>> *ſommes oiſifs.* >> *pag* 6.

L'Auteur oublie qu'il venoit de dire que le Clergé *eſt deſtiné particulierement à enſei-gner la juſtice.* Il oublie qu'il a fait du Clergé le Précepteur des enfans de la maiſon. N'eſt-ce donc rien que d'enſeigner la Juſtice ? Le Précepteur qui remplit ſon devoir, eſt-il oiſif ? Notre Déiſte ſe croit un membre très-précieux dans l'Etat , parce qu'il y prêche l'irreligion. Des Lettres Philoſophiques brulées par la main du bourreau : Des piéces de théâtre : Des Poëſies libertines : Des vers contre Jeſus-Chriſt lui paroîtront ſans doute des travaux que l'Etat ne ſçauroit aſſez récompenſer Mais ces Evêques, ces Prêtres , ces Docteurs qui prêchent Jeſus-Chriſt & ſes myſteres ; qui ſont-ils ? Des membres inutiles. Les Hottentots même penſeroient différemment, ſi les Hottentots avoient le bonheur de connoître Jeſus-Chriſt.

L'Auteur. « Ce Gouvernement *outra-*
>> *geroit* Dieu & les hommes, dans lequel
>> des Citoyens pourroient dire : *L'Etat*
>> *nous a tout donné , & nous ne lui devons*
>> *que des priéres.* >> *pag.* 6.

Eſt-ce que l'Auteur s'intéreſſe à ce qui *outrage* Dieu, ſi ce n'eſt pour l'outrager plus que tous les autres ? Quoi qu'il en ſoit, il voit l'outrage de Dieu, où les autres ne voient que Religion & reſpect envers Dieu. C'eſt pour obéir à Dieu que les Prin-

ces & les peuples nourriffent & entretien-
nent les Miniftres de la Religion. C'eft pour
leur propre intérêt, pour le rachat de leurs
péchés, pour le foulagement des pauvres,
& pour attirer fur les Empires les béné-
dictions du Ciel, qu'ils fe font dépouillés
d'une partie de leurs biens. Tout ce qu'ils
ont demandé a été que ceux qu'ils faifoient
dépofitaires de leurs oblations, fuffent de
fages Œconomes, & non pas des diffipa-
teurs. Un de nos Rois que l'on vouloit porter à impofer une taxe fur le Clergé, répondit qu'il avoit plus befoin des prieres que
des biens du Clergé. Il croyoit en Dieu.
Mais notre faifeur de Libelles n'y croit
pas.

L'Auteur. « La raifon, en fe perfection-
» nant, détruit le germe des guerres de
» Religion. C'eft l'efprit Philofophique qui
» a banni cette pefte du monde. »

C'eft ici la fable de la Mouche qui croit
conduire le chariot. Notre Déifte s'imagine
que c'eft à fa façon de penfer de la Religion que la France eft redevable de ce
qu'on ne s'égorge pas comme fous Charles IX. & fous Henri III. Ce qu'il appelle
l'efprit Philofophique eft le Déifme. S'il
étoit poffible que le Déifme s'emparát de
tous les efprits, fans doute qu'il n'y auroit
plus de guerres de Religion : mais auffi il
n'y auroit plus de Religion. Détruifez tous
les fujets d'un Etat, vous coupez la racine
à toutes les guerres civiles : mais vous n'a-
vez plus d'Etat.

L'Auteur, qui attribue à fon efprit Philofophique d'avoir banni du monde les

guerres de Religion , a-t-il perdu de vue la révolte des Cevennes sur la fin du regne de Louis XIV ? Si , ce qu'à Dieu ne plaise , la France éprouvoit quelques revers , qui nous répondroit que nous ne reverrions plus ce qui s'est vu par le passé ?

L'Auteur. « Si Luther & Calvin reve-» noient au monde , ils ne feroient pas » plus de bruit que les Scotistes & les Tho-» mistes. Pourquoi ? Parce que les lumieres » répandues dans toutes les conditions , » ont appris qu'il ne faut jamais s'élever » contre la religion du Prince : & que » quand on s'éleve contre elle, il en naît » des calamités affreuses pour des siécles. » *pag.* 6.

J'ai déja vu dans les Lettres Philosophiques ce que l'on dit ici de Luther & de Calvin. Puisque l'on y revient, c'est une preuve que l'Auteur trouve cette pensée bien solide. Il ne sait pas que l'état de la vérité sur la terre, est qu'elle sera toujours combattue. Il faut qu'il y ait des hérésies : mais chaque hérésie a sa naissance , son progrès , son déclin & sa fin. Luther & Calvin, revenant au milieu de nous, entraîneroient peu de personnes, parce que depuis deux siécles on s'est appliqué à prémunir les simples contre les erreurs des derniers sectaires.

Ce seroit le plus grand des malheurs que les peuples fussent imbus de cette maxime, QU'IL NE FAUT JAMAIS S'ELEVER CONTRE LA RELIGION DU PRINCE. Serions - nous Chrétiens , si nos Peres avoient suivi cette maxime ? Il n'est jamais permis de s'éle-

ver contre le Prince , contre l'autorité dont
Dieu l'a revêtu. Il n'en eſt pas ainſi de ſa
Religion, ſi elle eſt fauſſe. Sera-t-il défen-
du de prêcher contre l'idolâtrie, parce que
le Prince eſt idolâtre ; ou contre Maho-
met, parce que le Prince eſt Mahometan ?
Le Déiſte le croit ainſi. Mais le Chrétien
a le bonheur de penſer bien différemment.

L'Auteur. « Ce n'eſt que dans des tems
» de barbarie qu'on voit des Sorciers, des
» Poſſédés, des Rois excommuniés, des
» ſujets déliés de leur ſerment de fidélité
» par des Docteurs » *pag.* 7.

Jamais on n'a vu tant de Poſſédés qu'au
tems où Jeſus-Chriſt parut ſur la terre, &
dans les quatre ſiécles qui ont ſuivi ſa ve-
nue. C'étoit le tems du plus grand éclat de
l'Empire Romain. C'étoit le tems auſſi
des miracles les plus éclatans. L'invoca-
tion du nom de Jeſus-Chriſt étoit ſi effica-
ce, que dans des Apologies adreſſées au
Sénat * on s'offroit de ſouffrir la mort,
ſi le dernier d'entre les Chrétiens ne for-
çoit pas les Démons de confeſſer qu'ils
étoient des Démons. Les Payens eux-mê-

* Edatur hic aliquis ſub tribunalibus veſtris,
quem dæmone agi conſtet. Juſſus à quolibet Chriſtiano loqui ſpiritus ille , tàm ſe dæmonem con-
fitebitur de vero, quàm alibi Deum de falſo. Æ-
que producatur aliquis ex iis qui de Deo pati exi-
ſtimantur , qui aris inhalantes numen de nidore
concipiunt .., . iſta ipſa virgo cœleſtis pluviarum
pollicitatrix , iſte ipſe Æſculapius medicinarum
demonſtrator .... niſi ſe dæmones confeſſi fue-
rint , Chriſtiano mentiri non audentes , ibidem
illius Chriſtiani procaciſſimi ſanguinem funditer.
Tertull. Apol. cap. 23.

mes recouroient aux Chrétiens pour chaf-
fer les Démons des corps de leurs Poffédés.
L'Epicurien le voyoit : il grinçoit les dents
& féchoit de dépit. Mais toute fa rage n'a
pu empêcher que le nom de Jefus Chrift
n'ait été glorifié dans toute la terre.

A l'égard des Sorciers, l'Auteur qui fait
le bel éfprit, ignore-t-il ce qui arriva à
Julien, qui voulant fçavoir s'il parviendroit
à l'Empire, s'adreffa à un Magicien qui
fit paroître en fa préfence des fpectres dont
il fut effrayé ? Il oublia qu'il avoit renon-
cé au Chriftianifme, & fit le figne de la
Croix. Les Démons difparurent. Julien en
conclut que Jefus-Chrift étoit plus puif-
fant qu'eux : mais le Magicien répondit
que fes Dieux ne s'étoient retirés que pour
punir Julien de l'action qu'il venoit de
faire : & Julien fe paya de cette réponfe.
Il réfulte au moins de ce fait, que la
magie n'eft point chofe fabuleufe. Chez
tous les peuples & dans tous les tems, les
Magiciens n'ont donné que trop de preu-
ves du commerce qu'ils ont avec les Démons. Ceux qui le nient, parce qu'ils ne
l'ont pas vu, méritent-ils d'être crus pré-
férablement à ceux qui ont vu.

Citerai-je à un Déifte l'hiftoire de la
Magicienne qui évoqua l'ame de Samuel ?
Il ne reçoit pas le témoignage des Livres
faints. Mais les Auteurs profanes dont il
fait le plus de cas, atteftent ce qu'il nie.
Que croira-t-il donc en matieres de faits,
s'il rejette également le facré & le profane ?

Il joint aux Sorciers & aux Poffédés les

Rois excommuniés. Ce n'est, dit-il, que
dans les tems de barbarie que l'on en voit.
Comme si S. Ambroise, n'avoit pas in-
terdit à Théodose l'entrée de l'Eglise. Ce
qui s'est fait dans un tems si éclairé, n'a-
t-il donc pu se renouveller dans des tems
postérieurs ? Les Rois qui sont dans l'E-
glise, peuvent être retranchés de l'Eglise :
mais on ne doit en venir à cette extrémi-
té que dans des cas très-graves. Si on ne
l'a pas toujours fait, on a toujours dû le
faire. Mais l'Eglise qui a le pouvoir d'ex-
communier les Rois, n'a pas le pouvoir
de délier leurs sujets de leur serment de
fidélité. C'est la Doctrine de l'Eglise Gal-
licanne, qu'elle n'a point apprise des Déis-
tes, mais des Apôtres & de leurs Succes-
seurs.

L'Auteur. « La raison nous apprend
» que le Prince peut laisser subsister quel-
» ques anciens abus, comme de laisser
» décider en Cour de Rome certaines af-
» faires qu'on pourroit très-bien décider
» dans son Conseil, &c. *pag.* 7.

Si la raison nous apprend qu'il ne faut
jamais s'élever contre la Religion du
Prince, pourquoi laisseroit-on décider
à Rome des affaires que l'on pourroit
très-bien décider dans le Conseil du Prince ? L'Auteur oublie sa maxime, qu'il ne
doit pas y avoir deux Puissances dans un
Etat. Quand il s'agit d'affaires temporel-
les, le Roi envoie-t-il à Rome pour décider quel parti il doit prendre ? Où sera
donc cette Puissance unique dans un Etat,
si pour le spirituel il faut attendre la dé-

cifion de Rome ? C'eft ainfi que l'iniquité fe contredit. Mais encore, quelles font ces affaires que l'on peut laiffer décider en Cour de Rome ? Regardent-elles la foi ? Si l'Auteur l'avoit dit crûment, on en auroit conclu qu'il regarde comme un abus de laiffer décider au Pape les queftions qui concernent la foi, le Roi le pouvant faire dans fon Confeil. Or, quelque corrompu que le monde foit, il ne l'eft pas affez pour ne pas fe révolter contre une pareille impiété. Cependant les principes de l'Auteur vont prefque là. « Il ne doit pas » y avoir deux Puiffances dans un Etat. La » diftinction entre Puiffance fpirituelle & » Puiffance temporelle eft un refte de bar- » barie Vandale. » Donc toute Puiffance fpirituelle réfide dans la perfonne du Prince. Donc il peut décider tout ce qui concerne la Religion. La foi, la morale, la difcipline ; il n'y a rien qui ne foit de fa compétence.

L'Auteur. « La raifon nous montre, » que quand le Prince voudra abroger » ces coutumes (de laiffer décider en Cour » de Rome certaines affaires) elles tombe- » ront comme un bâtiment gothique qu'on » détruit pour le rebâtir à la moderne. »

pag. 7.

La coutume de recourir au Saint Siége eft auffi ancienne que l'Eglife. Elle eft fondée fur la parole de J. C. qui a établi le premier Siege pour centre de l'unité Ecclefiaftique. Le Roi eft bien éloigné d'abroger une coutume que tous fes Prédéceffeurs depuis Clovis ont fuivie religieu-

ſement. L'Impie qui lui donne ce con-
ſeil, ne peut qu'attirer ſon indignation:
Mais quand tous les Princes de la terre
romproient avec l'Egliſe , l'Egliſe n'en
ſubſiſteroit pas moins juſqu'à la conſom-
mation du monde. Elle n'eſt point de ces
édifices gothiques que l'on détruit pour les
rebátir à la moderne. Elle a vu naître les
Royaumes. Elle les voit périr. Elle ſeule a
des promeſſes d'une éternelle ſtabilité. Le
ciel & la terre paſſeront ; mais la parole de
celui qui a fondé l'Egliſe, ne paſſera pas.

L'Auteur. « La raiſon nous montre
» que quand le Prince voudra extirper un
» abus préjudiciable , les peuples doivent
» y concourir , & y concourront : l'abus
» eût-il quatre mille ans d'ancienneté. »
pag. 8.

Je ne connois rien dans le monde qui
ait quatre mille ans d'antiquité, & qui
puiſſe choquer un Déiſte, que les Livres
de Moyſe qui contiennent l'ancienne alliance, & qui promettent celle que Jeſus-
Chriſt devoit lui ſubſtituer. Eſt-ce cette
divine alliance que notre Déiſte regarde
comme un abus préjudiciable, que le Prince pourra extirper quand il voudra. *Les
peuples*, dit-il, *doivent y concourir, & y concourront.* Que les peuples doivent concourir à abolir le culte extérieur, ou quoi-
que ce ſoit de ce que la Loi de Dieu preſcrit ; c'eſt ce que tous les Déiſtes, ne prou-
veront jamais. Mais notre Politique ne
connoît guéres le Chriſtianiſme , s'il ſe
perſuade qu'en matiere de Religion le peuple ſuivroit aveuglément la volonté du

Prince, quelle quelle fût. Cet homme enflé des applaudiſſemens qu'il reçoit dans
quelques cercles d'impies, s'imagine que
parce qu'il n'a point de Religion, lui &
ſes aſſociés, il en eſt de même de tous
les Peuples. Non. Le peuple ne laiſſeroit
point abolir ce qui ſubſiſte depuis quatre
mille ans, ou plutôt depuis le commen-
cement du monde. Un Chrétien fait per-
dre ſes biens, ſa liberté, ſa vie. Mais il
n'y a point de Puiſſance ſur la terre qui
puiſſe lui arracher du cœur ſa Religion.
Les Empereurs Romains ont tenté durant
trois cens ans d'abolir le Chriſtianiſme.
Ils ont fini par devenir eux-mêmes Chrétiens. On égorgeoit les ſujets, parce qu'ils
s'élevoient contre l'idolâtrie, qui étoit la
Religion du Prince. Après avoir répandu
des fleuves de ſang, le Prince lui-même
a embraſſé la Religion de ſes ſujets.

L'Auteur. « Cette raiſon nous enſei-
» gne que le Prince doit être le maître ab-
» ſolu de toute Police Eccleſiaſtique ſans
» aucune reſtriction, parce que cette Po-
» lice Eccleſiaſtique eſt une partie du Gou-
» vernement; & de même que le Pere de
» famille préſcrit au Précepteur de ſes en-
» fans les heures du travail & le genre
» des études, &c. De même le Prince
» peut preſcrire à tous Eccléſiaſtiques, ſans
» exception, tout ce qui a le moindre rap-
» port à l'ordre public. » *pag.* 8.

Ce que l'Auteur entend par Police Eccleſiaſtique, c'eſt le culte extérieur dans
toute ſon étendue & ſans aucune reſtriction. Le principe des Déiſtes & de Spi-

nofa eſt que le culte extérieur eſt une af-
faire de Police. C'eſt au Prince, diſent-ils,
à le preſcrire. Il en eſt le maître abſolù.
Comme il ne doit y avoir qu'une Puiſſance dans un Etat, le Prince doit concentrer en ſa perſonne toute l'autorité ſpirituelle & temporelle. Et ainſi le Prêtre,
l'Evêque, le Pape lui-même, s'il étoit ſujet d'un Prince, doivent ſe conformer à
tout ce que le Prince preſcrit par rapport
à la Religion. Ces principes, comme on
le voit, n'ont pas beſoin d'être refutés,
mais ſeulement d'être expoſés. Spinoſa a
employé le chapitre dix-neuf de ſon Trai-
té Théologique & Politique pour établir
que l'adminiſtration des choſes ſaintes doit
dépendre des Souverains, & que nous
ne pouvons nous acquitter de l'obéiſſan-
ce que nous devons à Dieu, qu'en accom-
modant le culte extérieur de la Religion
à la paix de la République. Voilà l'ar-
ſenal où l'on puiſe des armes contre le
Clergé.

L'AUTEUR. « Cette raiſon nous dit à
» tous, que quand le Prince voudra donner
» à ceux qui ont verſé leur ſang pour l'Etat,
» des penſions ſur des Bénéfices, leſquels Bé-
» néfices font une partie du patrimoine de
» l'Etat, non-ſeulement tous les Officiers
» de guerre, mais tous les Magiſtrats,
» tous les Cultivateurs, tous les Citoyens
» béniront le Prince ; & quiconque s'op-
» poſeroit à une inſtitution ſi ſalutaire,
» feroit regardé comme un ennemi de la
» Patrie. » *pag.* 9.

J'ai bien lu dans l'Evangile que celui

qui fert à l'Autel , doit vivre de l'Autel ?
mais je n'ai point lu que celui fert dans
la milice du Prince , doive partager avec
le Prêtre les oblations faites à l'Autel.
Cependant j'admire en ce moment la mo-
deftie de l'Auteur, qui fe contente d'affi-
gner aux Officiers de guerre des penfions
fur les Bénéfices. Comment n'a-t-il pas
fait valoir ce qui fe paffoit fous Charles
IX. & Henri III. où il étoit fi ordinaire
d'entendre dire à des gens de guerre , &
même à des femmes , *Mon Evèché , mon
Abbaye , mes Prêtres , mes Moines.* Un homme de guerre alloit s'établir , lui , fa femme , fes enfans , fes domeftiques , dans
une Abbaye , comme dans fon patrimoine. Le Prince lui donnoit une Abbaye
pour récompenfe de fes fervices ; & l'Ab-
bé cuiraffé donnoit aux Moines une pen-
fion modique pour s'acquitter du fervice
de Dieu. Maintenant l'Auteur ne demande
pour les gens de guerre que des penfions.
Pourquoi tant de retenue ? Si les Bénéfices font une partie du patrimoine de l'E-
tat, le Prince doit être le maître de donner les Bénéfices à ceux de fes fujets ,
Eccléfiaftiques ou Laïcs qu'il jugera les
mériter. L'Auteur auroit-il oublié qu'il a
rendu le Prince maître abfolu de la Police extérieure de l'Eglife , & qu'il concen-
tre en fa perfonne toute la Puiffance fpirituelle ? Si le Prince eft maître du fpiri-
tuel dans l'Eglife ; qui l'empêchera de difpofer à fon gré du temporel ?

L'Auteur. « De même , quand le Prin-
» ce , qui eft le Pafteur de fon peuple, vou-

» dra augmenter fon troupeau, comme il
» le doit; quand il voudra rendre aux loix
» de la nature les imprudens & les impru-
» dentes qui fe font voués à l'extinctinc-
» tion de l'efpece, & qui ont fait un vœu
» fatal à la Société, dans un âge où il n'eft
» pas permis de difpofer de fon bien; la
» Société bénira ce Prince dans la fuite
» des fiécles. » *pag.* 9.

Les vœux de Religion déplurent à Luther & Calvin. Ils déplaifent aux Difciples
de Spinofa. Je n'en fuis pas furpris. Qrand
on n'efpere rien pour l'autre vie, pourquoi
fe gêner dans celle-ci ? Mangeons & bû-
vons; nous mourrons demain. Ce que l'on
dit ici contre les vœux de Religion, je le
retrouve dans le Livre de *l'Efprit des Loix*,
dans les quatre Lettres contre les Remon-
trances du Clergé, dans l'Hiftoire du Droit
public, Eccléfiaftique, François, & dans
d'autres Ecrits de cette trempe : ce qui
montre qu'il y a une confpiration contre
l'état Monaftique, & que les Déiftes voudroient exciter en France une révolution
femblable à celle qui arriva en Angleterre
fous Henri VIII. & fes fucceffeurs. Une
chofe finguliere, c'eft que les plus connus
de ces Ecrivains qui veulent que les Prêtres, les Moines & les Religieufes fe ma-
rient, vivent eux-mêmes dans le célibat.

L'AUTEUR. « Il y a tel Convent inutile
» au monde à tous égards, qui jouït de
» deux cens mille livres de rente. La rai-
» fon démontre, que fi on donnoit ces deux
» cens mille livres à cent Officiers qu'on
» marieroit, il y auroit cent bons Citoyens

(19)

» récompensés, cent filles pourvues, qua-
» tre cens personnes au moins dans l'E-
» tat au bout de dix ans, au lieu de cin-
» quante fainéans. Elle démontre encore
» que ces cinquante fainéans rendus à la
» Patrie cultiveroient la terre, la peuple-
» roient, & qu'il y auroit plus de labou-
» reurs & plus de soldats. Voilà ce que tout
» le monde desire depuis le Prince du Sang
» jusqu'au Vigneron. La superstition s'y
» opposoit autrefois ; mais la raison (sou-
» mise * à la foi) écrase la superstition. »
pag 10.

L'Auteur est bien hardi de mettre sur
le compte des Princes du Sang des vœux
qui partent de l'impiété. N'appréhende-
t-il point que nos Princes ne le découvrent
& ne lui fassent porter la juste punition
de son extrême imprudence ? Il appelle *superstition*, la Religion qui s'est toujours op-
posée à la destruction de l'état Monastique :
& il nous annonce qu'aujourd'hui la raison écrase la superstition ; c'est-à-dire, que
l'on peut à la faveur du Déisme, faire ce
que la Religion a empêché jusqu'à présent.
Notre Déiste, il n'y a qu'un moment, se
contentoit pour les gens de guerre, de
pensions sur les Bénéfices. Maintenant il
demande l'extinction même des Bénéfices,
pour distribuer aux gens de guerre les terres qui en dépendent : il fait envisager comme un bonheur pour l'Etat, de n'y souffrir
que des gens mariés. La rosée du ciel, la
graisse de la terre ; c'est à quoi se bornent

* On ne sçait ce que veut dire ici, *soumise à la
foi*. Un Déiste n'admet pas la Foi.

tous fes defirs. Sa Religion ne lui en infpire pas de plus élevés. Que ne vivoit-il au tems des Philiftins ? Comme eux il auroit dit : « Nos celliets font pleins & » regorgent de toute forte de biens : » nos brebis ont mille & mille agneaux » qui rempliffent nos métairies. Nos bœufs » font toujours gras. On n'entend point » parler dans nos places , ni d'irruption » d'ennemi , ni d'enlevemnent de captifs, » ni de cris de malheureux. Heureux , di-» foient les Philiftins , le peuple qui a tous » ces biens. » Mais David répondoit : » Heureux dans la vérité le peuple , qui » a le Seigneur pour fon Dieu. » C'eft ce qu'il faut répondre à l'infenfé qui envie pour nous le bonheur d'un peuple qui étoit fans Dieu en ce monde.

Détruire l'état Monaftique c'eft abbattre un des boulevards de l'Etat. Quel befoin n'avons-nous pas d'hommes qui par des jeûnes, des auftérités & des prieres continuelles appaifent la colere de Dieu , que tant d'impies provoquent tous les jours ? Amalec auroit été victorieux, fi Moyfe n'avoit élevé les mains, & invoqué Dieu fur la montagne, tandis que Jofué combattoit dans la plaine. Trois Rois auroient été battus par les Moabites, fi Elizée n'avoit intercédé pour eux. Le Déifte voudroit que l'on oubliât qu'à la voix d'un feul homme Dieu ferma le ciel pendant trois ans dans toute la terre d'Ifraël , & qu'à la voix de ce même homme le ciel s'ouvrit de nouveau pour rendre la fécondité à la terre. Qu'étoit Elie ? Un de

ces hommmes que notre Déiste auroit trai-
té de fainéant. Il erroit dans les deserts,
il se retiroit dans les cavernes : le monde
le haïssoit, & le monde n'étoit pas digne
de lui. Ce que dit l'Auteur contre l'état
Monastique, il l'auroit dit contre les Prophétes & les Disciples des Prophétes. Il est
vrai qu'ils étoient pauvres & vivoient pau-
vrement. Mais combien avons-nous aujourd'hui de Religieux & de Religieuses
qui vivent dans une grande pénitence &
une grande pauvreté? Ceux qui vivent
dans les délices, ceux qui scandalisent, loin
d'édifier, doivent être réformés. Voilà le
vœu de tous les Ordres de l'Etat. Mais que
l'on abolisse l'état Monastique, ce ne peut
être le vœu que d'un ennemi de J. C. &
de sa Religion.

L'Auteur. « Le Prince peut d'un seul
» mot, empêcher au moins qu'on ne fasse
» des vœux avant l'âge de vingt-cinq ans.
pag. 11.

Notre Déiste sait qu'il ne verra pas en
France l'abolition de l'état Monastique.
Voilà pourquoi il demande qu'au moins
on n'y fasse des vœux qu'à vingt-cinq ans.
C'est qu'en retardant jusqu'à cet âge la
profession, le nombre des Religieux & des
Religieuses diminuera de beaucoup « Vous
» voyez, disoit Pharaon, que le peuple   Exode 2. 9.
» d'Israël est devenu trop nombreux, &
» qu'il est plus fort que nous : opprimons
» le avec sagesse. *Sapienter opprimamus eum.*

L'Auteur. « Et si quelqu'un dit au Sou-
» verain : *Que deviendront les filles de condi-
tion, que nous sacrifions d'ordinaire aux aînés*

» *de nos familles* ? Le Prince répondra : *El-*
» *deviendront ce qu'elles deviennent en Sue-*
» *de, en Dannemarch, en Pruffe, en Angle-*
» *terre, en Hollande : elles feront des citoyens;*
» *elles font nées pour la propagation, & non*
» *pour réciter du latin qu'elles n'entendent*
» *pas.* » *pag.* 11.

L'Auteur fuggere au Souverain une réponfe que le Souverain eft bien éloigné
d'adopter. Une chofe qui doit furprendre
notre augufte Monarque, & lui faire faire de férieufes réflexions, c'eft qu'à l'oc-
cafion de la demande du Vingtiéme au
Clergé, on agite des queftions qui vont
au renverfement de la Religion. Déja le
Roi a été obligé de rendre un Arrêt contre un Livre, où fous prétexte d'établir les
Droits du Prince, on a ofé avancer que
le Clergé eft la portion la plus opulente & LA
MOINS UTILE *dans un Etat*. Ce mot dit beaucoup, & n'a pu partir que de la plume d'un
Déifte. Mais, qu'a de commun le Déifte
avec le Fils aíné de l'Eglife ? La plume
de l'impie ne peut que déshonorer le nom
du Prince dont il fe dit le défenfeur. Dans
tout différend qui pourroit être entre la
Puiffance fpirituelle & la Puiffance temporelle, que l'impie fe taife : fes confeils
ne feront jamais que des confeils d'impiété.

L'AUTEUR. « Une femme qui nourrit
» deux enfans, & qui file, rend plus de
» fervices à la Patrie, que tous les Con-
» vens n'en peuvent jamais rendre, «
pag. 11.

De-là jugez dans quel aveuglement ont

récu nos Peres ! L'Evangile qu'ils ont eu
la simplicité d'embraller, leur a donné
pour l'état des Vierges une eftime & un
refpeét qu'ils ont cru ne pouvoir porter
trop loin. Les Princes & les Grands de
la terre ont fondé des Monafteres pour
fervir d'azile à celles des filles chrétiennes
qui auroient le courage d'embraller la vir-
ginité. Aujourd'hui une grande lumiere
s'éleve parmi nous. Une feéte de Spino-
fiftes & de Déiftes nous apprend que tout
ce que Jefus-Chrift & les Apôtres nous
ont enfeigné de l'excellence de l'état des
Vierges, n'eft que menfonge & que trom-
perie. « Une femme, dit-on, qui nourrit
» deux enfans, & qui file, rend plus de
» fervice à la Patrie, que tous les Convens
» n'en peuvent jamais rendre. » Voilà l'E-
vangile des Déiftes, Evangile que l'on
confeille au Roi de fuivre & de protéger. Il
n'eft pas douteux que le Libelle qui con-
tient tant d'impiétés, ne mérite le feu.
Mais l'Auteur qui les débite, ne mérite-t-il
pas au moins d'être enfermé.

L'Auteur. « C'eft un très-grand bonheur
» pour le Prince & pour l'Etat, qu'il y ait
» beaucoup de Philofophes qui impriment
» toutes ces maximes dans la tête des hom-
» mes.

Voilà un aveu d'une grande importan-
ce. L'Auteur nous dit qu'il n'eft pas feul,
mais qu'il a beaucoup de complices. Un
empoifonneur qui feroit une pareille dé-
claration, tiendroit tout le Royaume en
allarme. Tenons-le-nous pour dit. Quiconque a encore de la foi, doit en faire

ufage pour s'oppofer à ce débordement d'impies. Des hommes qui fe font un devoir d'imprimer dans la tête de tous les autres, toutes les maximes que l'on vient d'entendre, font infiniment plus à redoûter que tous les empoifonneurs qui n'attentent qu'à la vie du corps. Jefus-Chrift a dit : « Penfez-vous que lorfque le Fils » de l'homme viendra, il trouve de la foi » fur la terre ? » Voici des gens qui en s'élevant contre Jefus-Chrift, travaillent, fans le vouloir, à vérifier ce qu'il a prédit.

Luc 18. 28.

L'Auteur. « Les Philofophes n'ayant » aucun intérêt particulier, ne peuvent » parler qu'en faveur de la raifon & de » l'intérêt public. » *pag.* 12.

L'Auteur appelle le Déifme la *raifon!* Ainfi, dans fon langage, parler en faveur de la raifon, c'eft parler en faveur du Déifme. Il prétend que les gens de fa fecte ne refpirent que l'intérêt public. Quand on nous aura prouvé qu'il eft de l'intérêt public de concentrer l'autorité fpirituelle dans la perfonne du Prince, & de renverfer la Religion, on nous aura prouvé que les Déiftes font d'excellens Citoyens.

L'Auteur. « Les Philofophes rendent » fervice aux Princes, en détruifant la fu» perftition, qui eft toujours l'ennemie des » Princes. » *pag.* 12.

Cela veut dire que les Déiftes rendent fervice aux Princes en détruifant la Religion, qui eft le plus ferme appui de l'autorité des Princes.

L'Auteur.

(25)

L'Auteur. « C'eſt la ſuperſtition qui a
» fait aſſaſſiner Henri III. Henri IV. Guil-
» laume Prince d'Orange, & tant d'autres.
» C'eſt-elle qui a fait couler des rivieres
» de ſang, depuis Conſtantin. »

Diſons mieux. C'eſt le faux zéle qui a
fait aſſaſſiner Henri III. & Henri IV. La
Religion le condamne & le déteſte. Ce
Ce n'eſt point des Déiſtes que nous appre-
nons à être ſoumis au Roi. C'eſt de Jeſus-
Chriſt & de ſes Apôtres.

L'Auteur. « La ſuperſtition eſt le plus
» horrible ennemi du Genre humain. »
pag. 12.

Je l'ai déja dit. Dans le Dictionnaire de
l'Auteur, qui n'eſt autre que celui de Spinoſa, ſuſperſtition eſt pris pour Religion.
L'Auteur dit donc que la Religion, &
ſur-tout la Religion Chrétienne, eſt le plus
horrible ennemi du Genre humain. A de
pareils blaſphêmes ont ne répond point ;
mais on ſe bouche les oreilles.

L'Auteur. « Quand elle domine le Prin-
» ce elle l'empêche de faire le bien de ſon
» peuple ; quand elle domine le peuple,
» elle le ſouleve contre ſon Prince. »
pag. 12.

Le Déiſte, qui ſe vante de n'avoir en
vue que le bien public, parle ici pour
l'intérêt de ſa ſecte. Il ſait ce qu'elle a à
craindre d'un Prince religieux. Auſſi ne
veut-il pas qu'il le ſoit. Pour nous, élevés dans les maximes de la Religion Chrétienne, nous diſons : Que le Prince ſoit
religieux, il fera le bonheur de ſon peuple. Que le peuple ſoit chrétien, & ja-

mais il ne se révoltera contre son Prince.

L'AUTEUR. « Il n'y a pas un seul exem-
» ple sur la terre de Philosophes, qui se
» soient opposés aux Loix du Prince.
pag. 13.

Mais il y a des exemples sans nombre de
Philosophes qui se sont opposés aux Loix
de Dieu. Notre Déiste a bonne grace de
faire valoir sa soumission aux Loix du
Prince. Ignore-t-il que depuis Clovis jusqu'à Louis XV. il n'y a pas un seul de nos
Rois qui n'ait fait des Loix en faveur de
cette Religion, contre laquelle il s'éleve
avec tant de fureur ? Notre prétendu Philosophe défie de lui citer un seul exemple de ses semblables qui se soient opposés aux Loix du Prince ; & lui-même en
écrivant contre la Religion, s'oppose aux
Loix de tous nos Rois.

L'AUTEUR. « Ce qui peut arriver de plus
» heureux aux hommes, c'est que le Prin-
» ce soit Philosophe.

Marc-Aurele l'étoit, & il a été un des
plus grands persécuteurs des Chrétiens. Julien l'étoit ; & si Dieu ne l'avoit retiré
du monde, il auroit surpassé Marc - Aure-
le en violence, comme il le surpassoit en
hypocrisie.

L'AUTEUR. « Le Prince Philosohe sait que
» plus la raison fera de progrès dans ses
» Etats, moins les disputes, les querelles
» Théologiques, l'entousiasme, la susper-
» stition feront de mal : il encouragera
» donc les progrès de la raison. » *pag.* 13.

Dans le langage de l'Auteur, Philosophe signifie Déiste. Ainsi, après avoir dit

que ce qui peut arriver de plus heureux aux hommes, c'eſt que le Prince ſoit Déiſte, il montre les grands avantages qui en reviendront à l'Etat. Plus le Déiſme y fera de progrès, moins on entendra parler de diſputes & de querrelles Théologiques. En effet, qui s'intéreſſera en France dans les diſputes de Religion, quand il n'y aura plus de Religion?

L'Auteur. « Ces progrès ſeuls (de la » raiſon) ſuffiront pour anéantir, par e- » xemple, dans quelques années, toutes » les diſputes ſur la grace ; parce que le » nombre des hommes raiſonnables étant » augmenté, le nombre des eſprits de tra- » vers qui ſe nourriſſent d'opinions ab- » ſurdes, diminuera. »

Le Déiſte ne voit qu'abſurdité dans les myſteres de la Religion, parce que ſa foible raiſon n'y ſçauroit atteindre. Un des myſteres qui le révolte davantage, eſt celui de la Prédeſtination gratuite des Elus. Baiſle s'eſt eſſayé particulierement contre ce myſtere, en ramaſſant toutes les objeſtions que la ſubtilité de ſon eſprit a pu lui fournir. La réponſe à Baiſle & à ſes ſemblables eſt dans S. Paul : « O homme, » qui étes-vous pour conteſter avec Dieu?» Il y a 150 ans que l'on diſpute dans l'Egliſe ſur les matieres de la grace, & il y en a déja cent que l'on diſpute en France ſur les mêmes queſtions. Notre Déiſte aſſure que ces diſputes finiront dans quelques années, ſi le Prince encourage *les progrès de la raiſon ;* c'eſt-à-dire, ſi le Prince ſe déclare pour *l'irreligion.* Qu'un

Déifte forme de pareils fouhaits, je n'en
fuis pas furpris : mais qu'il ofe les rendre
publics , c'eft s'afficher criminel de lè-
ze-Majefté divine & humaine tout à la
fois.

｜L'Auteur. « Ce qu'on appelle un Janfe-
» nifte , eft réellement un fou, un mau-
» vais Citoyen & un rebelle.

Vous n'êtes guéres fage de traiter de fous
les prétendus Janféniftes. Vous voulez les
décrier : vous ne pouviez mieux vous y
prendre pour faire leur apologie. Il y a
longues années que leurs implacables ennemis les dénoncent aux Puiffances comme gens fans Religion, en un mot , comme gens qui vous reffemblent. Si vous a-
viez eu autant de fineffe dans l'efprit, que
vous montrez de malignité dans le cœur,
vous auriez dit du bien des Janféniftes ;
& leurs ennemis en auroient profité, pour
rendre plaufible tout le mal qu'ils en difent. Mais en difant du mal des Janféniftes, vous défarmez leurs ennemis , & vous
forcez les gens fages à en dire du bien.
Tertullien relevoit la Religion Chrétienne,
pour cela même qu'elle avoit eu Neron
pour premier perfécuteur. *Tali dedicatore ,*
difoit-il , *damnationis noftræ etiam gloriamur.*
A quiconque connoiffoit la méchanceté de
Neron , il étoit aifé de comprendre qu'il
n'avoit pu haïr que quelque chofe d'ex-
cellemment bon. *Qui enim fcit illum , in-*
telligere poteft non nifi grande aliquod bonum
à Nerone damnatum. Ce que l'on difoit de
Neron, on le dira de vous. Vous dites du
mal des Janféniftes. Donc il en faut dire

du bien. Vous penſez plus favorablement des Moliniſtes. Donc il il n'y a pas tant de bien à en dire que des Janſéniſtes. Continuez à dire du mal des Janſéniſtes. Uniſſez-vous en cela aux Moliniſtes. Ce n'eſt pas d'aujourd'hui que les Saducéens & les Phariſiens ont formé des complots contre Jeſus-Chriſt & ſes Diſciples.

L'AUTEUR. « Le Janſéniſte eſt fou, par-
» ce qu'il prend pour des vérités démon-
» trées des idées particulieres. S'il ſe ſer-
» voit de ſa raiſon, il verroit que les Phi-
» loſophes n'ont jamais diſputé ni pu diſ-
» puter ſur une vérité démontrée. *pag.* 14.

C'eſt une vérité démontrée que Dieu ne peut ni être trompé, ni nous tromper. C'eſt une vérité démontrée qu'il faut croire à Dieu, ſi Dieu a parlé. C'eſt une vérité démontrée que Dieu, dans les premiers tems, a parlé à Moyſe & aux Prophétes ; & dans les derniers, qu'il nous a parlé par Jeſus-Chriſt, & par les Apôtres. Pourquoi donc le Déiſte ne croit-il ni à Moyſe ni à Jeſus-Chrit ni aux Apôtres ? L'Auteur aſſure que les Philoſophes n'ont jamais diſputé ſur une vérité démontrée. Pour fermer la bouble à ce fanfaron, demandons-lui de quelle vérité démontrée les Pyrroniens ſont convenus. Montaigne, l'un de ſes héros, a pris pour deviſe : *Que ſais-je ?* voulant marquer qu'il doutoit de tout, même de ſon exiſtence. M. de Buffon nous dit, que les vérités de Mathématique, ſont *des vérités de ſuppoſition.* Si cela eſt, que de vérités qu'il faut retrancher du nombre des vérités démontrées ?

Non : les Philofophes ne furent jamais d'accord entre eux. Les nouveaux comme les anciens, font aux prifes les uns contre les autres. Dans le fiécle dernier il falloit penfer comme Defcartes, pour penfer raifonnablement. Dans celui-ci un Cartefien fait pitié : il faut penfer comme Newton.

L'Auteur. « Si le Janfénifte fe fervoit » de fa raifon, il verroit qu'une fecte qui » mene à des convulfions, eft une fecte de » fous. *pag.* 15.

Tout Janfénifte n'eft pas Convulfionifte. Mais tout Janfénifte voit dans les Convulfions de quoi rendre fage les Déiftes, *s'ils fe fervoient de leur raifon.* Les Déiftes rejettent tout furnaturel. Qu'ils fe tranfportent chez les Convulfionaires à grands fecours, & qu'ils effaient d'expliquer phyfiquement tout ce qui s'y paffe. Les *Philofophes* ne feront que radoter, tant qu'ils voudront rapporter à des caufes naturelles, des effets qui font vifiblement au-deffus des loix de la nature. Quelle que foit la caufe de ces effets, il faut y trouver un Agent qui s'écarte des loix ordinaires. Cet Agent eft Dieu ou le Démon. Si c'eft Dieu ; que le Déifte n'infulte pas : fi c'eft le Démon ; qu'il craigne. Il renvoie les Poffédés *aux tems de barbarie.* Il ne croit pas que dans le nôtre où il y a tant de *Philofophes*, les Diables ofent fe montrer. Mait fi ce n'eft pas Dieu qui agit dans les Convulfions, il faut que ce foit le Démon. Les Diables ofent donc fe montrer malgré les fectateurs de *la raifon.* Eh, que difent les Dia-

bles ? Qu'il y a un Dieu qui punira par
des châtimens éternels, ceux qui abuſent
de leur raiſon, comme eux-mêmes ont
été punis pour en avoir abuſé. Grande
leçon pour les Déiſtes, s'ils ſçavent en
profiter.

L'Auteur. « Le Janſéniſte eſt mauvais
» Citoyen, parce qu'il trouble l'ordre dans
» l'Etat. » *pag.* 15.

C'eſt le reproche que l'on faiſoit à Elie.
Mais Elie répondoit : Ce n'eſt pas moi
qui ai mis le trouble dans Iſraël. C'eſt
vous & la maiſon de votre pere. Un homme violent & injuſte veut m'enlever mon
bien. Je crie à l'injuſtice : je réclame l'autorité des Loix ; je défens de toutes mes
forces l'héritage de mes Peres. Eſt-ce moi
qui ſuis l'auteur du trouble ? Avant Molina & ſes ſectateurs, on enſeignoit pai-
ſiblement dans l'Egliſe la Doctrine que
S. Paul, que S. Auguſtin, que S. Tho-
mas y ont enſeignée. Molina eſt venu enſeigner le contraire, & a prétendu que la
Doctrine ancienne étoit une Doctrine d'er-
reur. Qui eſt-ce qui a mis le trouble dans
l'Egliſe ? Aſſûrément c'eſt Molina. Et vous,
Philoſophe déſintéreſſé, vous dites que c'eſt
moi. Votre Philoſophie vous abandonne.
Vous ne faites pas honneur à la raison.

L'Auteur. « Le Janſéniſte eſt rebelle,
» parce qu'il déſobéit. » *pag.* 15.

A qui déſobéit-il ? Eſt-ce à Dieu ? Vous
ne le direz pas, vous qui croyez que Dieu
n'a rien révélé aux hommes. Eſt ce au Roi ?
Mais le Roi, en ce qui concerne la ré-
vélation, ne prétend rien commander. Il

appuie feulement les décifions de l'Eglife. Or le Roi, étant homme, peut être furpris ; il peut appuyer comme décifion de l'Eglife ce qui ne l'eft pas. Et pour lors c'eft lui obéir que de lui défobéir. *Obedio, quia non obedio.*

L'AUTEUR. « Les Moliniftes font des » fous plus doux.

Si c'eft à l'égard des Déiftes qu'ils font doux, ce n'eft pas à l'égard des prétendus Janféniftes. Ici, que chacun parle pour foi. L'Auteur n'a pas reçu procuration des Janféniftes pour parler des Moliniftes comme il fait.

L'AUTEUR. « Il ne faut être ni à Apol-» lon, ni à Céphas ; mais à Dieu & au » Roi. » *pag.* 15.

Cela veut dire qu'il ne faut être ni Janfénifte ni Molinifte, mais Déifte. Si l'Auteur nous donnoit un Commentaire fur S. Paul, d'où il a tiré fa maxime, *qu'il ne faut être ni à Appollon ni à Cépas ;* que de belles chofes il nous diroit !

L'AUTEUR. « Il eft certain que plus il y » aura de Philofophes, plus les fous feront » à portée d'être guéris. » *pag.* 15.

Les Janféniftes font foux de la folie de la Croix. Heureux les *Philofophes*, qui auront affez de fageffe pour être fous de la même folie !

L'AUTEUR. « Le Prince Philofophe en-» couragera la Religion qui enfeigne tou-» jours une morale pure & très-utile aux » hommes. *pag.* 15.

C'eft-à-dire que le Prince Déifte encouragera le Déifme ou l'irreligion, &

qu'il fubftituera à la morale de l'Evangile , celle des Lettres Philofophiques , des
Lettres Perfannes , des Lettres Juives , de
l'Efprit des Loix , du Livres des *Mœurs* ,
du Livre des *Caracteres* , *De l'Effai de Phi-
lofophie morale* , &c. C'eft dans ces fources
que l'on puife une morale pure & tout
autrement utile aux hommes que celle des
Livres faints.

L'AUTEUR. « Le Prince Philofophe em-
» pêchera qu'on ne difpute fur le dogme,
» parce que ces difputes n'ont jamais pro-
» duit que du mal. » *pag.* 15.

Le Déifte ne veut point que l'on difpute fur le Dogme parce qu'il n'en reçoit aucun. Chez lui tous les dogmes de l'Eglife
nefont que des opinions particulieres, pour
lefquelles il n'y a que *des efprits de travers* qui
s'entêtent. Et ainfi , quelque conteftation
qui s'éleve dans l'Eglife , le Prince ne doit
pas permettre que l'on en difpute. On niera
qu'il y a trois Perfonnes en Dieu ; que le
Fils foit confubftantiel au Pere ; que le
Saint-Efprit foit Dieu : Qu'il y ait une
perfone & deux natures en Jefus-Chrift :
Que les hommes naiffent avec le péché
originel : Qu'il y ait fept Sacremens : Que
Jefus-Chrift foit réellement préfent dans
l'Euchariftie ; le Prince *Philofophe* ne fouf-
frira point que l'on difpute fur tous ces
points. Penfez ce que vous voudrez ; &
laiffez penfer aux autres ce qu'ils voudront.
Le Toléranifme univerfel : Voilà la Religion que le Prince doit protéger ; & la
raifon qu'en donne l'Auteur , c'eft que toutes les difputes en matiere de Religion

n'ont jamais produit que du mal.

Ce n'eſt pas ce que penſoit S. Auguſtin. On rechercheroit, dit-il, la vérité avec moins d'ardeur, ſi le menſonge ne lui ſuſcitoit des adverſaires : *Negligentiùs veritas quæreretur, ſi mendaces adverſarios non haberet.*

L'AUTEUR. « Le Prince Philoſophe ren- » dra, autant qu'il le pourra, la juſtice » diſtributive plus uniforme & moins len- » te, & rougira pour nos Ancêtres, que ce » qui eſt vrai à Dreux, ſoit faux à Pon- » toiſe. » *pag.* 16.

Ici l'Auteur change de ſujet. De la Religion il deſcend à la juſtice, & conſeille d'abréger le cours de la procédure, & réduire toutes les Provinces à des Loix uniformes. Pour ce qui eſt d'abréger la procédure, c'eſt une choſe fort à déſirer. Mais de changer les coutumes, & de troubler l'ordre des ſucceſſions, eſt-ce une choſe à propoſer ? Je dirois ſur cela ce que S. Paul a dit ſur un autre ſujet : Tout m'eſt permis, mais tout n'eſt pas expédient : *Omnia mihi licent*, &c.

L'AUTEUR. « Le Prince Philoſophe ſera » convaincu que plus un peuple eſt labo- » rieux, plus il eſt riche. Il aura ſoin que » ſes villes ſoient embellies ; parce qu'a- » lors il y aura plus de travaux, & qu'il » en réſultera l'utile & l'agréable. » *pag.* 16.

Voyez ſur cela un petit Ecrit, qui a paru cette année, & qui porte pour titre : *Des Embelliſſemens de Paris.* L'Auteur ne ſera pas fâché que l'on y voie en détail ce qu'il ne fait que jetter ici à la volée.

L'Auteur. « On compoſeroit un gros
» Livre de tout le bien qu'on peut faire ;
» mais un Prince Philoſophe n'a pas beſoin
» d'un gros Livre. »

Mais le Roi Très-Chrétien en a-t-il beſoin, pour être perſuadé du bien qu'il fera,
en purgeant ſon Royaume de cette ſecte
d'impies qui blaſphêment journellement
contre Dieu, & qui oſent inviter le Roi
même à blaſphémer avec eux ?

Voilà, M. la réfutation du Libelle que
vous m'avez adreſſé. Si je n'ai pas tout
dit, vos lumieres & votre piété y ſup-
pleront abondamment.

Je ſuis, &c.

Le 1 Août 1750.